El estudio del artista

La danza

por Jenny Fretland VanVoorst

Bullfrog Books

Ideas para padres y maestros

Bullfrog Books permite a los niños practicar la lectura de texto informacional desde el nivel principiante. Repeticiones, palabras conocidas y descripciones en las imágenes ayudan a los lectores principiantes.

Antes de leer

- Hablen acerca de las fotografías. ¿Qué representan para ellos?

- Consulten juntos el glosario de fotografías. Lean las palabras y hablen de ellas.

Lean en libro

- "Caminen" a través del libro y observen las fotografías. Deje que el niño haga preguntas. Señale las descripciones en las imágenes.

- Lea el libro al niño, o deje que él o ella lo lea independientemente.

Después de leer

- Inspire a que el niño piense más. Pregunte: ¿Te gusta bailar? ¿Hay algún tipo de baile que sea tu preferido?

Bullfrog Books are published by Jump!
5357 Penn Avenue South
Minneapolis, MN 55419
www.jumplibrary.com

Library of Congress Cataloging-in-Publication Data

Names: Fretland VanVoorst, Jenny, 1972– author.
Title: La danza / por Jenny Fretland VanVoorst.
Other titles: Dance. Spanish
Description: Minneapolis, MN: Jump!, Inc., 2016. | Series: El estudio del artista | Includes index.
Identifiers: LCCN 2015040140 |
ISBN 9781620313220 (hardcover: alk. paper) |
ISBN 9781624963827 (ebook)
Subjects: LCSH: Dance—Juvenile literature.
Classification: LCC GV1596.5.F7418 2016 |
DDC 792.8—dc23
LC record available at http://lccn.loc.gov/2015040140

Series Designer: Ellen Huber
Book Designer: Michelle Sonnek
Photo Researcher: Michelle Sonnek
Translator: RAM Translations

Photo Credits: All photos by Shutterstock except: David Shackelford/Oakland Breakerz, 12–13, 14–15, 16, 18–19; iStock, 22br; Jack.Q/Shutterstock.com, 5, 6, 8–9, 10–11; SuperStock, 20–21

Printed in the United States of America at Corporate Graphics in North Mankato, Minnesota.

Tabla de contenido

¡Bailemos!

Gail es una bailarina.

Ella utiliza su cuerpo para contarnos una historia.

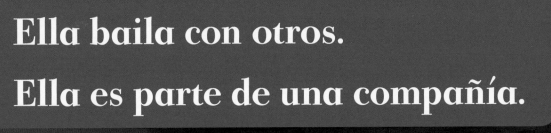

Ella baila con otros.

Ella es parte de una compañía.

Ella usa zapatos especiales.
Puede pararse en los dedos
de los pies.

Gail se para en
una sola pierna.

Su compañero
la sostiene.

Y giran.

Mira su cuerpo.
¿Que historia
esta contando?

Ben también es bailarín.
El baila en la calle.

El usa cartón en el piso.

Crea una buena superficie para bailar.

cartón

Se mueve como un robot.

Hace piruetas.

La gente se detiene a mirar.
Aplauden. Celebran.

Mira su cuerpo.

¿Que historia nos cuenta?

¡Inténtalo!

Bailar es divertido.

Zapatos para bailar

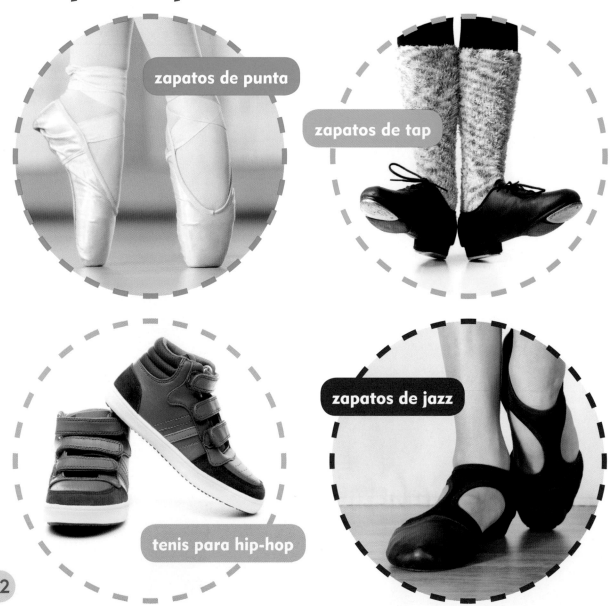

zapatos de punta

zapatos de tap

zapatos de jazz

tenis para hip-hop

Glosario con fotografías

cartón
Material elaborado de pulpa de madera el cual es mas grueso que el papel.

compañía
Un grupo organizado de artistas.

compañero
Cualquier miembro de una pareja quien baila juntos.

superficie
La capa que cubre un objeto.

Índice

Para aprender más

Aprender más es tan fácil como 1, 2, 3.

1) Visite www.factsurfer.com

2) Escriba "ladanza" en la caja de búsqueda.

3) Haga clic en el botón "Surf" para obtener una lista de sitios web.

Con factsurfer.com, más información está a solo un clic de distancia.